_____ 님께

_____ 을(를) 선물로 드립니다.

_____ 드림

부처님 말씀 따라쓰기 ❷

책을 내며 | 내 마음에 새기는 **부처님 말씀**

BBS 불교방송 '오늘의 부처님 말씀'을 사경책으로 엮은 『부처님 말씀 따라쓰기』가 출간된 후 많은 분께서 성원과 관심을 보여 주셨습니다. 친구나 자녀에게 선물하고 싶다며 두세 번 구입하신 분들도 계셨고, 다른 분들과 함께 사경의 기쁨을 나누겠다며 열 권 이상 구입하신 분들도 계셨습니다. 또 본인이 하루하루 사경한 책을 사진으로 찍어 SNS에 올리는 분도 계셨습니다.

『부처님 말씀 따라쓰기』 출간 이후 불편한 점을 보완해 달라는 요구도 있었습니다. 따라 쓰도록 한 왼쪽은 쓰기가 불편하다는 지적과 스스로 사경하도록 한 오른쪽은 화려해서 쓰는 데 방해가 된다는 지적도 있었습니다. 또 다음 권은 언제 나오느냐는 문의도 있었습니다.

BBS 불교방송 '오늘의 부처님 말씀' 또한 불자님들의 관심으로 사랑에 힘입어 회원이 꾸준하게 늘고 있습니다. 이러한 성원에 보답하고 1권에다 담을 수 없었던 부처님 말씀을 더 제공하기 위해『부처님 말씀 따라쓰기 2』를 선보입니다. 앞서 제기되었던 문제점을 보완하여 좀 더 세련된

디자인으로 바꾸었습니다. 마음과 세상에 평화를 주는 부처님 말씀이야 끝이 없지만 BBS 불교방송 '오늘의 부처님 말씀' 문자 서비스에 자주 등장했던 말씀과 불자님들뿐만 아니라 일반 대중들에게도 평화를 줄 수 있는 말씀을 엄선하여 2권에 담았습니다. 또한 매일 받아보시는 문자 서비스나 그날 감명 깊게 읽은 부처님 말씀, 마음에 새기고 싶은 구절을 자유롭게 쓸 수 있는 노트인 『부처님 말씀 사경노트』를 조만간 선보여 매일 사경으로 공덕을 쌓으시는 불자님들께 한 발 더 다가가고자 합니다.

"천상천하유아독존". 부처님께서 세상에 태어나자마자 세상에 던진 말씀입니다. "저마다 자신을 등불로 삼고 자기 자신을 의지하여라". 『대열반경』에 나오는 말씀입니다. 이런 말씀들은 세상이라는 바다를 항해하는 우리가 온갖 유혹에 흔들리지 말고 오로지 높은 자존감으로 무소의 뿔처럼 세상을 살라는 말씀으로 이해됩니다. 세상에 흔들리지 않고 피는 꽃이 없겠지만, 흔들릴 때마다 부처님의 말씀을 새긴다면 뿌리가 튼튼한 아름다운 꽃으로 피어나 세상이 더 환해질 것이라고 믿습니다.

사경은 자신을 바로 세우는 길입니다. 매일 사경으로 큰 공덕을 이루시길 기원합니다. 이 책이 여러 불자님들과 대중들에 세상과 마음의 평화를 이루는 데 작은 씨앗이 되길 바랍니다.

2017년 11월

이렇게 써 보세요

1 필기구 잡는 법

필기구는 엄지, 검지, 중지 등 세 손가락으로 엄지와 중지의 모습이 ❶처럼 둥글게 되도록 살짝 당겨 잡습니다. 정권(正拳) 살짝 아래를 지나게 잡습니다.

2 주먹과 지면의 각도

주먹과 지면의 각도는 ❷처럼 45도 정도 되게 기울여 잡습니다.

3 필기구 잡는 위치

필기구가 깎인 혹은 깎인 듯한 지점에서 1cm 정도 위를 잡습니다. 세 손가락의 위치를 정면에서 본다면 3 처럼 손가락 끝이 가지런히 모이고 삼각형을 이루도록 잡습니다.

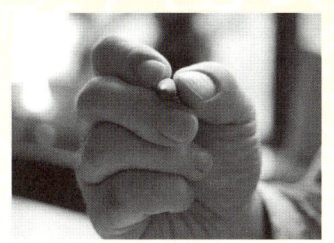

3

4 세 손가락에 살짝 힘을

조금만 글씨를 써도 팔이 아프다는 분들이 있습니다. 불필요하게 팔에 힘을 많이 주기 때문입니다. 세 손가락에 살짝 힘을 주어 글씨를 씁니다.

5 안정된 자세

팔꿈치를 책상 위에 올려 놓고 글씨를 씁니다. 그래야 팔의 자세가 안정되고 바르게 되어 글씨 쓰기에 편하고 좋습니다.

6 필기구의 선택

글씨 교정이 필요하다면 삼각 연필이나 삼각 볼펜을 권합니다. 어느 정도 서체가 완성되었다면 만년필도 괜찮습니다.

이렇게 활용하세요

1. **준비물 챙기기**

   우선 주변을 깨끗이 정돈한 다음 필사 책과 필기구를 준비합니다. 필요에 따라 향이나 초를 준비하셔도 좋습니다.

2. **읽고 따라 쓰기**

   먼저 부처님 말씀 하나를 천천히 읽습니다. 그 다음에는 원고지에 써 있는 글씨체 그대로 따라 써 봅니다. 원고지에 빈 칸이 남

는다면 한두 번 더 써 봅니다. 이 글씨체는 글씨 교정이나 바른 글씨체를 원하는 분들이 따라 쓸 수 있도록 개발한 '훈민정필체'입니다.

3 부처님 말씀 한 번 더 따라 쓰기

오른쪽 페이지는 왼쪽에서 따라 써 본 부처님 말씀을 한두 번 더 따라 써 보는 페이지입니다. 가급적 천천히, 또박또박 써 보세요. 필요에 따라서 생각나는 부처님 말씀이나 명언 등을 써도 좋고, 일기를 쓰는 것처럼 그날 자신의 생각이나 바람을 써도 좋습니다. 정성껏 마음을 다해 또박또박 써 보는 것이 중요합니다.

4   오늘의 발원

오늘의 부처님 말씀 하나를 다 쓰고 오른쪽 페이지까지 다 채웠다면 잠시 눈을 감고 명상을 해도 좋습니다. 부처님 말씀의 참뜻을 생각하면서 다시 한번 마음에 새겨 보세요. 오른쪽 페이지 아래에 있는 '오늘의 발원' 란에 날짜를 쓰고, 오늘의 발원문을 짧은 글로 써 보세요.

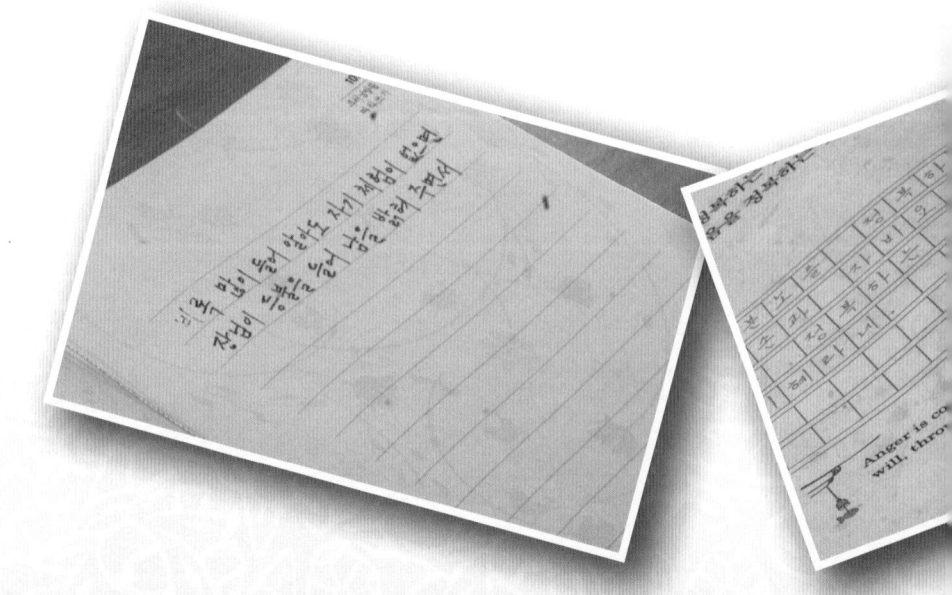

5 마음을 보내세요

BBS 불교방송 '오늘의 부처님 말씀' 문자 서비스를 이용하는 불자들은 가족이나 친지 또는 친구들에게 '문자 서비스'를 선물하는 것을 큰 공덕으로 생각합니다. 특히 『부처님 말씀 따라쓰기』는 젊은이를 비롯하여 외국인들과도 소통하기 위해 부처님 말씀을 영문으로 번역하여 제공하고 있습니다. 필기구와 함께 이 책을 선물한다면 사경의 기쁨이 더 커질 것입니다.

사경에 대하여

사경(寫經, 경문經文을 베끼는 일)은 부처님 말씀을 담은 경전(經典)을 베껴 쓰는 것을 말합니다. 원래는 불경을 후세에 전하거나 승려의 독송 연구 또는 서사(書寫, 글씨를 베낌)의 공덕을 위해 만들어졌으나, 인쇄술이 발달한 현대에 와서는 주로 공덕(功德, 좋은 일을 행한 덕으로 훌륭한 결과를 가져오게 하는 능력)과 수행의 방편으로 행해지고 있습니다.

1 사경의 역사와 의미

사경(寫經)의 역사가 곧 불교의 역사라고 할 만큼 불교에서 사경은 중요합니다. 2천5백 년 불교 역사에서 한국 스님뿐만 아니라 중국, 티벳, 일본 등 여러 나라에서 법을 구하기 위해 목숨을 건 길을 떠났습니다. 그 길은 모래바람으로 숨조차 쉴 수 없는 사막 길, 어느 누구도 밟은 적이 없는 깊은 산과 황야를 한 걸음 한 걸음씩 살얼음 위를 걷듯이 조심스러운 길이기도 했습니다. 또 눈

덮인 히말라야의 길, 높고 깎아지른 절벽 길은 물론이고, 언제 강물이 휩쓸고 지나갈지 가늠할 수 없는 길이기도 했습니다. 진리에 대한, 불법에 대한 목마름과 헌신이 없었다면 한 걸음도 뗄 수 없는 길이었습니다.

사경(寫經)은 시간적으로는 법을 미래세에 전하는 일이고, 공간적으로는 법을 이웃에서 이웃으로 전해 주는 전법의 길, 교화의 길이었습니다. 또 개인에게는 구도의 방법이자 해탈의 문이었으며, 문화·역사적으로는 인쇄술의 발달과 문화·지적 활동의 진흥을 가져왔습니다.

이러한 역사적 의미가 있는 사경을 통해 구도와 전법의 마음을 되새겨 보세요. 부처님의 말씀을 마음에 새겨서 정신이 성장하고 삶이 성숙하는 계기가 되었으면 합니다.

2 사경의 공덕

- 부처님의 가르침을 바르게 이해하게 됩니다.
- 어리석고 어둡던 마음이 밝아지고 총명해집니다.
- 심한 번민과 갈등이 가라앉고 편안한 마음을 얻습니다.
- 오랜 병고가 사라지고 심신이 강건해집니다.

- 속세의 업장(業障, 말, 동작 또는 마음으로 지은 악업에 의한 장애)이 소멸되고 마음은 무한한 기쁨으로 충만해집니다.

- 소원이 이루어지고 한량없는 불보살님의 가피력(加被力, 부처나 보살이 자비의 마음으로 중생을 이롭게 하려고 주는 힘)을 지니게 됩니다.

- 인내력과 정진력이 향상되어 어려운 일 없이 모든 일이 원만히 성취됩니다.

- 바른 글씨를 쓰게 되고, 나아가 자신만의 서체를 갖게 됩니다.

3. 사경 의식

다음에 정리한 사경 의식은 불자에게는 보편화된 것입니다. 따라서 불자가 아닌 분들은 다음 사항 중에서 필요하다고 생각하는 것만 지키면 됩니다. 먼저 주변을 깨끗이 정리한 다음 몸과 마음을 가다듬고, 천천히 부처님 말씀을 마음에 새기면서 베껴 쓰면 됩니다. 조용한 명상 음악을 틀어 놓거나 향이나 초를 살라 경건한 분위기를 만들면 마음을 평화롭게 하는 데 도움이 될 것입니다.

- 주변을 깨끗이 정리하고 몸과 마음을 가다듬습니다.
- 향을 사릅니다.
- 삼귀의례를 합니다.
- 사경발원문을 낭송합니다.
- 5분 정도 입정(入定, 삼업三業을 그치게 하고 선정禪定에 들어가는 일)하면서 호흡과 심신을 안정시킵니다.

- 경전의 내용을 마음에 새기면서 사경합니다.
- 사경한 내용을 다시 읽고, 발원과 회향(回向, 자기가 닦은 선근 공덕을 다른 중생이나 자기 자신에게 돌림)을 염(念, 조용히 불경이나 진언眞言 따위를 외움)하면서 삼배를 올립니다.
- 사경 도중에는 일체의 잡된 일을 하지 않도록 합니다.
- 정한 시간만큼은 다른 장애물이 끼어들지 않도록 합니다. 부득이하게 사경을 중단했을 경우에는 입정 시간을 갖고 다시 시작합니다.
- 오자나 탈자가 생기지 않도록 주의합니다.
- 사경하는 동안 같은 색의 펜으로 일정하게 하는 게 좋습니다.

일러두기

● 이 책은 BBS 불교방송 '오늘의 부처님 말씀' 문자 서비스를 통해 제공되었던 부처님 말씀 원고를 토대로 만들어졌습니다.

● 불자, 일반 독자, 작가, 편집자 등이 본래 원고를 검토하여 누구나 다 공감할 수 있는 부처님 말씀 108개를 선별하였고, 한글 맞춤법 표기에 맞고 이해하기 쉽도록 원고를 일부 수정하였습니다.

● 이 책에 실린 원고 중 영문 원고는 BBS 불교방송에 저작권이 있으므로, 이를 허락없이 사용해서는 안 됩니다.

● 이 책에서 따라 쓰기용으로 제공된 서체는 글씨 교정용으로 개발된 '훈민정필체'로, '훈민정필'과 '작은숲'에 저작권이 있습니다.

● 훈민정필 서체로 글씨 교정 연습을 더 하고 싶은 분들은 인터넷서점에서 '훈민정필'을 검색하세요. 문의처 http://www.hoonpil.com / 전화 02-573-0221

● BBS 불교방송 '오늘의 부처님 말씀' 문자 서비스는 휴대 전화로 매일 부처님 말씀을 제공받는 서비스입니다. 문의처 http://www.bbsi.co.kr / 전화 1855-3000

내 마음에 새기는 5분 필사

BBS 불교방송
오늘의 부처님 말씀

부처님 말씀 따라쓰기 ❷

비단길

불유교경

눈 때문에 속고

사람은 항상 눈 때문에 속고, 귀 때문에 속고,
코 때문에 속고, 입 때문에 속고, 몸 때문에 속는다.
그러므로 눈, 귀, 코, 입 등의 욕망을 억제하고
갖가지 욕망에 뛰어들지 않도록 하라.

A person is always deceived by his eyes, ears, nose, mouth and body. Thus you should try to restrain the desires brought on by them so as not to become mired in diverse desires.

017
부처님 말씀 따라쓰기 2

오늘의 발원   년   월   일

보적경

여러 강물도 바다에 들어가면

여러 강물도 바다에 들어가면 모두 짠맛이 되듯이
여러 가지 일을 통해 쌓은 보살의 선행도
중생의 깨달음에 회향되면 해탈의 한 맛이 된다.

All rivers taste of salt once they arrive at the ocean. Likewise, a bodhisattva's good deeds, accrued through various means, taste of liberation once they are dedicated to the enlightenment of sentient beings.

부처님말씀 따라쓰기 2

오늘의 발원 년 월 일

법구경

진흙에 빠진 코끼리가

항상 새벽처럼 깨어 있어라.
부지런히 노력하는 것을 즐겨라.
자기의 마음을 지켜라. 자기를 위험한 곳에서 구출하라.
진흙에 빠진 코끼리가 자신을 끌어내듯.

Delight in heedfulness! Guard well your thoughts! Draw yourself out of this swamp of evil, just as an elephant draws himself up out of the mud.

021
부처님말씀 따라쓰기 2

 오늘의 발원   년 월 일

숫타니파타

004 욕을 먹더라도 성내지 말며

세상 사람들에게 욕을 먹든지 절을 받든지
한결같은 태도로 대하라.
욕을 먹더라도 성내지 말며
절을 받더라도 우쭐대지 말고 무심하라.

Maintain a consistent attitude whether you are criticized or complimented. Do not get angry when criticized, and when complimented, do not become elated but maintain equanimity.

023
부처님말씀 따라쓰기 2

오늘의 발원   년   월   일

유행경

몸은 항상 자비를 행하여

몸은 항상 자비를 행하여 산 목숨을 해치지 말라.
말을 하되 부드럽게 하고 나쁜 말을 하지 말라.

Do not harm any life; practice compassion. Speak gently and do not speak ill of others.

오늘의 발원

년 월 일

잡아함경

지나간 일에 대해 근심하지 않고

지나간 일에 대해 근심하지 않고,
미래에 대해 집착하지 않는다.
현재에 얻어야 할 것만을 따라 바른 지혜로 온 힘을 다할 뿐,
다른 생각을 하지 않는다.

지	나	간		일	에		대	해		근	심
하	지		않	고	,		미	래	에		대	해
집	착	하	지		않	는	다	.		현	재	에
얻	어	야		할		것	만	을		따	라
바	른		지	혜	로		온		힘	을		다
할		뿐	,		다	른		생	각	을		하	지
않	는	다	.

One neither worries about the past nor clings to the future. Without being distracted, one simply exerts oneself with right wisdom toward the matter at hand.

027
부처님말씀 따라쓰기 2

오늘의 발원　　　　　　　　년　월　일

불유교경

만족할 줄 아는 사람은

만족할 줄 아는 사람은
비록 맨땅 위에 누워 있을지라도 편안하고 즐겁다.
만족할 줄 모르는 사람은
비록 천당에 있을지라도 마음에 차지 않을 것이다.

만	족	할		줄		아	는		사	람	은
비	록		맨	땅		위	에		누	워		있
을	지	라	도		편	안	하	고		즐	겁	다.
만	족	할		줄		모	르	는		사	람	은
비	록		천	당	에		있	을	지	라	도
마	음	에		차	지		않	을		것	이	다.

One who knows true satisfaction lives in joy and comfort even when sleeping on the bare ground. One who doesn't know true satisfaction will still want even in paradise.

오늘의 발원

법집요송경

그 마음을 버리지 않는다면

불길 같은 마음에 사로잡힌 사람이여,
그 마음을 버리지 않는다면
그대는 끝내 스스로 깨달을 수 없으리.

You are imprisoned by your raging mind. Without letting go of it, you will never attain enlightenment.

부처님말씀 따라쓰기 2

오늘의 발원   년   월   일

사미니계경

뭇 생명을 아끼고 사랑하고

뭇 생명을 아끼고 사랑하고 불쌍히 여기기를
마치 부모가 자식을 생각하는 것처럼 하여
꿈틀거리는 미물조차도 마치 갓난아기인 양
불쌍히 여겨야 한다.

We should cherish, love and have compassion for all forms of life, just as parents do for their children. We should have compassion for even squirming little creatures, just as we would for a newborn baby.

부처님말씀 따라쓰기 2

오늘의 발원   년   월   일

본생경

식구가 서로 화목하면

가정은 식구가 서로 화목하면 꽃동산과 같이 아름다운 곳이지만
마음과 마음이 조화를 이루지 못하면
사납고 무서운 풍파가 일어나서 파멸을 가져오는 지옥과 같아진다.

	가	정	은		식	구	가		서	로		화
목	하	면		꽃	동	산	과		같	이		아
름	다	운		곳	이	지	만		마	음	과	
마	음	이		조	화	를		이	루	지		못
하	면		사	납	고		무	서	운		풍	파
가		일	어	나	서		파	멸	을		가	져
오	는		지	옥	과		같	아	진	다	.	

A family can be as beautiful as a flower garden when all are in harmony, but when the minds of its members are not in harmony, can be a hell where fierce waves surge and bring ruin.

부처 님 말씀 따라쓰기 2

오늘의 발원   년 월 일

현겁경

안락과 수명을 얻으려거든

안락과 수명을 얻으려거든
의혹이 있을 때 의혹을 없애라.
안락과 수명을 얻으려거든
끝내 번뇌의 집착을 없애야 한다.

안	락	과		수	명	을		얻	으	려	거
든		의	혹	이		있	을		때		의	혹
을		없	애	라	.		안	락	과		수	명	을
얻	으	려	거	든		끝	내		번	뇌	의
집	착	을		없	애	야		한	다	.

Should you want to attain peace and long life, expunge doubts when they arise. Should you want to attain peace and long life, thoroughly expunge all attachments.

037
부처님말씀 따라쓰기 2

오늘의 발원　　　　　　　　　　　년　월　일

유마경

얽매이지 않는다고 하는 것

마음이 얽매이지 않는다고 하는 것은
상대적인 생각을 떠나는 것이며,
상대적인 생각이라고 하는 것은 주관과 객관이며,
이것을 떠나는 것이 곧 모든 것에 얽매이지 않는 것이다.

마음이 얽매이지 않는다
고 하는 것은 상대적인
생각을 떠나는 것이며, 상
대적인 생각이라고 하는
것은 주관과 객관이며, 이
것을 떠나는 것이 곧 모
든 것에 얽매이지 않는
것이다.

A mind free from grasping leaves behind relative concepts. Relative concepts embody the dichotomy of subject and object, and to let go of these is to be unfettered by all things.

오늘의 발원

년 월 일

불유교경

013 참회하는 마음은

참회하는 마음은 쇠갈고리와 같아서
능히 인간의 잘못된 마음을 억제한다.
그러므로 항상 참회하는 마음을 가질지어다.

참	회	하	는		마	음	은		쇠	갈	고
리	와		같	아	서		능	히		인	간	의
잘	못	된		마	음	을		억	제	한	다	.
그	러	므	로		항	상		참	회	하	는	
마	음	을		가	질	지	어	다	.			

A repenting mind is like an iron hook that easily subdues an errant mind. Thus, I advise you to keep a repenting mind always.

부처님말씀 따라쓰기 2

오늘의 발원

년 월 일

014 얼룩새의 몸은 하나지만

잡아함경

얼룩새의 몸은 하나지만 몸의 색깔은 수없이 많듯
사람 역시 몸은 하나지만 마음의 얼룩은
얼룩새의 빛깔보다 더 많으니라.

얼	룩	새	의		몸	은		하	나	지	만
몸	의		색	깔	은		수	없	이		많	듯
사	람		역	시		몸	은		하	나	지	만
마	음	의		얼	룩	은		얼	룩	새	의
빛	깔	보	다		더		많	으	니	라	.

A speckled bird has one body but innumerable speckles.
Likewise, a person has one body but more blemishes in
his mind than the speckles on a speckled bird.

043
부처님말씀 따라쓰기 2

 오늘의 발원 　　　년　월　일

금강경

형상에 집착하여

형상에 집착하여 마음을 내지도 말고, 소리와 냄새와 맛과 감촉과 생각의 대상에 집착하여 마음을 내서도 안 된다.
아무 데도 집착함이 없이 마음을 내야 한다.

형	상	에		집	착	하	여		마	음	을
내	지	도		말	고,		소	리	와		냄	새
와		맛	과		감	촉	과		생	각	의
대	상	에		집	착	하	여		마	음	을
내	서	도		안		된	다.		아	무		데
도		집	착	함	이		없	이		마	음	을
내	야		한	다.							

When they give rise to this mind, they should not rely on forms, sounds, smells, tastes, tactile objects, or objects of thoughts. They should give rise to the mind that has no attachments.

부처님말씀 따라쓰기 2

오늘의 발원   년 월 일

화엄경

인간의 욕망은 모두가 덧없어

인간의 욕망은 모두가 덧없어
마치 물거품 같고 허깨비 같으며 야생마 같고
물속에 비친 달 같으며 뜬구름 같다.

All human desire is transient, like bubbles, ghosts, wild horses, the moon's reflection on water and floating clouds.

부처님말씀 따라쓰기 2

오늘의 발원

년 월 일

불유교경

성내는 마음은

성내는 마음은 사나운 불꽃보다 더한 것이니
항상 마땅히 막고 지켜서
마음속에 들어오지 말게 하라.

An angry heart is worse than a fierce fire. You should always guard against it and not allow it inside. Of all the thieves that can rob you of your merits, none surpasses anger.

부처님말씀 따라쓰기 2

오늘의 발원 년 월 일

금강경

형상 있는 것은

무릇 형상 있는 것은 모두 허망한 것이니
만약 모든 형상이 허망한 것임을 깨닫는다면
진실로 여래를 볼 수 있다.

All that has form is illusive and unreal. When you see that all forms are illusive and unreal, then you will begin to perceive your true Buddha nature.

부처님말씀 따라쓰기 2

오늘의 발원 년 월 일

대열반경

자기 자신을 등불로 삼고

자기 자신을 등불로 삼고
자기 자신을 의지하여라.
진리를 등불로 삼고 진리에 의지하여라.
이 밖에 다른 것에 의지해서는 안 된다.

	자	기		자	신	을		등	불	로		삼
고		자	기		자	신	을		의	지	하	여
라	.	진	리	를		등	불	로		삼	고	
진	리	에		의	지	하	여	라	.	이		밖
에		다	른		것	에		의	지	해	서	는
안		된	다	.								

Be a lamp unto yourself, be a refuge to yourself. Let the Truth be your lamp, let the Truth be your refuge. Seek no refuge elsewhere.

오늘의 발원   년   월   일

본생경

020 희망을 가져라

희망을 가져라. 희망의 결과는 행복이니라.
저 새들까지도 언제나 바라면서 그 희망에 충만해 있으니
비록 그것은 멀고 오래되어도 끝내 희망은 이루어지리라.

	희	망	을		가	져	라	.		희	망	의
결	과	는		행	복	이	니	라	.		저		새
들	까	지	도		언	제	나		바	라	면	서
그		희	망	에		충	만	해		있	으	니
비	록		그	것	은		멀	고		오	래	되
어	도		끝	내		희	망	은		이	루	어
지	리	라	.									

Be hopeful. Hope brings happiness. Even birds are full of hope. Though it seems distant and slow in coming, your hopes will be realized in the end.

오늘의 발원   년   월   일

잡보장경

021 누운 풀처럼

벙어리처럼 침묵하고 임금처럼 말하며
눈처럼 냉정하고, 불처럼 뜨거워라.
태산같은 자부심을 갖고, 누운 풀처럼 자기를 낮추어라.

	벙	어	리	처	럼		침	묵	하	고		임
금	처	럼		말	하	며		눈	처	럼		냉
정	하	고	,		불	처	럼		뜨	거	워	라	.
태	산	같	은		자	부	심	을		갖	고	,
누	운		풀	처	럼		자	기	를		낮	추
어	라	.

Be silent like a mute, speak like a king, be calm like snow, and passionate like fire. With self-esteem as solid and firm as a mountain, humble yourself like the lowly grass.

오늘의 발원

년 월 일

대장부론

가엾이 여기는 마음은

가엾이 여기는 마음은 뿌리가 되고
상냥한 말씨는 줄기가 되고
참는 마음 너울너울 가지가 되고
보시는 주렁주렁 열매가 된다.

Compassion becomes the root, loving speech the stalk, patience the stems, and generosity the fruit.

오늘의 발원

년 월 일

사십이장경

023 재난과 화는

재난과 화는 그대 몸에 있는 것,
마치 메아리가 소리를 따라 일어나고
그림자가 형체를 따르는 것과 같으니
부디 악업을 행하지 마라.

재	난	과		화	는		그	대		몸	에
있	는		것	,	마	치		메	아	리	가
소	리	를		따	라		일	어	나	고	그
림	자	가		형	체	를		따	르	는	것
과		같	으	니		부	디		악	업	을
행	하	지		마	라	.					

Disaster and misfortune lie within you. This can be compared to an echo arising from a sound or a shadow following an object. Thus, I admonish you not to do evil.

061
부처님말씀 따라쓰기 2

오늘의 발원   년   월   일

보왕삼매론

몸에 병 없기를 바라지 마라

몸에 병 없기를 바라지 마라.
몸에 병이 없으면 탐욕이 생기기 쉽나니
그래서 성인이 말씀하시되
'병고로써 양약을 삼으라' 하셨느니라.

몸에 병 없기를 바라지 마라. 몸에 병이 없으면 탐욕이 생기기 쉽나니 그래서 성인이 말씀하시되 '병고로써 양약을 삼으라' 하셨느니라.

Do not expect to be free from disease. Without disease, you are prone to become greedy. Thus, sages told us to regard suffering from disease as good medicine.

063
부처님말씀 따라쓰기 2

오늘의 발원   년   월   일

대길상경

025 악한 일을 즐거움으로 삼지 마라

악한 일을 즐거움으로 삼지 마라.
술 마시고 분수를 잃지 말며 모든 일에 게으르지 마라.
이것이 인간에게 최상의 행복이다.

악	한		일	을		즐	거	움	으	로
삼	지		마	라.		술		마	시	고		분
수	를		잃	지		말	며		모	든		일
에		게	으	르	지		마	라.		이	것	이
인	간	에	게		최	상	의		행	복	이	다.

Do not find joy in unwholesome deeds. Do not lose yourself in intoxication, and never become idle. These bring supreme happiness.

065
부처님말씀 따라쓰기 2

오늘의 발원　　　　　　　　　　년　월　일

발각정심경

타인의 허물을 보지 말고

타인의 허물을 보지 말고
타인의 옳고 그름을 말하지 말며
타인의 깨끗한 생활에도 집착하지 않아서
모든 나쁜 말은 마땅히 버려야 한다.

타	인	의		허	물	을		보	지		말
고		타	인	의		옳	고		그	름	을
말	하	지		말	며		타	인	의		깨	끗
한		생	활	에	도		집	착	하	지		않
아	서		모	든		나	쁜		말	은		마
땅	히		버	려	야		한	다	.			

Do not see the faults of others, nor speak of the rights or wrongs of others. Cease all bad talk by not caring if others live in purity or not.

오늘의 발원   년 월 일

법구경

027 물방울이 모여 항아리를 채우듯

내게는 업보가 오지 않을 것이라며
작은 악을 가볍게 여기지 말라.
물방울이 모여 항아리를 채우듯
작은 악이 쌓여 큰 죄악이 된다.

내	게	는		업	보	가		오	지	않
을		것	이	라	며		작	은		악	을
가	볍	게		여	기	지		말	라	.	물	방
물	이		모	여		항	아	리	를		채	우
듯		작	은		악	이		쌓	여		큰
죄	악	이		된	다	.

Do not take small sins lightly thinking that you will be exempt from karmic retribution. Just as tiny drops of water eventually fill a pot, small sins accumulate to become a great sin.

오늘의 발원

년 월 일

보왕삼매론

억울함을 당하는 것으로

억울함을 당해서 밝히려고 하지 마라.
억울함을 밝히면 원망하는 마음을 돕게 되나니,
그래서 성인이 말씀하시되 "억울함을 당하는 것으로
수행하는 문을 삼아라."고 하셨느니라.

억	울	함	을		당	해	서		밝	히	려
고		하	지		마	라	.	억	울	함	을
밝	히	면		원	망	하	는		마	음	을
돕	게		되	나	니	,	그	래	서		성	인
이		말	씀	하	시	되		"	억	울	함	을
당	하	는		것	으	로		수	행	하	는
문	을		삼	아	라	.	"	고		하	셨	느	니
라	.										

Do not try to correct things when you are falsely charged.
In trying to correct matters, your resentment may grow.
Thus a sage said, "Use a false charge as a gateway to self-cultivation."

오늘의 발원

년 월 일

잡아함경

우박이 초목을 때리듯

미래를 향해 마음을 달리고
과거를 돌아보며 근심 걱정하는 것은
마치 우박이 초목을 때리듯
어리석음의 불로 자신을 태우는 것이다.

미	래	를		향	해		마	음	을		달
리	고		과	거	를		돌	아	보	며		근
심		걱	정	하	는		것	은		마	치	
우	박	이		초	목	을		때	리	듯		어
리	석	음	의		불	로		자	신	을		태
우	는		것	이	다	.						

Dwelling on the past or worrying about the future is to be consumed by the fire of ignorance, just as trees and plants are destroyed by hail.

부처님말씀 따라쓰기 2

오늘의 발원　　　　　　　　　년　월　일

법구경

악의 열매가 맺기 전에는

악의 열매가 맺기 전에는 악한 자도 복을 만난다.
선의 열매가 맺기 전에는 선한 이도 이따금 화를 만난다.
'내게도 업보가 오지 않으리라'라고
악을 가볍게 여기지 마라.

|악|의| |열|매|가| |맺|기| |전|에|
|는| |악|한| |자|도| |복|을| |만|난|
다	.		선	의		열	매	가		맺	기		전
에	는		선	한		이	도		이	따	금
화	를		만	난	다	.	'	내	게	도		업	보
가		오	지		않	으	리	라	'	라	고		악
을		가	볍	게		여	기	지		마	라	.

Even bad people may encounter good fortune before their misdeeds bear fruit. Likewise, even good people may encounter misfortune before their good deeds bear fruit. Do not take bad deeds lightly by thinking, "Karmic fruit won't come to me."

075
부처님말씀 따라쓰기 2

오늘의 발원   년 월 일

불소행찬

이별을 피할 수는 없다

긴 세월에 걸쳐 은혜와 사랑을 쌓아도
이별을 피할 수는 없다.
반드시 헤어지고 말 것이므로
해탈의 원인을 구하노라.

Even if one accumulates grace and love for a long time, parting is still unavoidable. All will eventually be parted from their loved ones and therefore should seek the cause of liberation.

077
부처님말씀 따라쓰기 2

오늘의 발원　　　　　　　　　　　년　월　일

제법집요경

032 작은 죄라고 해서

작은 죄라고 해서 막아서 지키지 않으면
모두 지옥의 원인이 되나니 비유하자면
작은 불씨가 산과 숲을 태워버릴 수 있는 것과 같도다.

작	은		죄	라	고		해	서		막	아
서		지	키	지		않	으	면		모	두
지	옥	의		원	인	이		되	나	니		비
유	하	자	면		작	은		불	씨	가		산
과		숲	을		태	워	버	릴		수		있
는		것	과		같	도	다	.				

Even small sins may lead you to realms of hell if you regard them as trifling and don't reject them. They can be compared to small embers that can burn down an entire forest.

부처님말씀 따라쓰기 2

 오늘의 발원   년   월   일

불설무희망경

어리석은 사람은

어리석은 사람은
자신을 돌아보지는 않고
남의 허물만 찾으러 다닌다.

어	리	석	은		사	람	은		자	신	을
돌	아	보	지	는		않	고		남	의		허
물	만		찾	으	러		다	닌	다	.		

Foolish are those who don't reflect on themselves but keep searching for other's faults.

081

부처님말씀 따라쓰기 2

오늘의 발원   년   월   일

현우경

연민하는 마음으로써

성내고 해치려는 생각을 없애고
늘 사랑하는 마음을 간직하라.
연민하는 마음으로써 중생을 돌아보고
자비로운 생각으로 눈물을 흘리라.

|성|내|고| |해|치|려|는| |생|각|을|
|없|애|고| |늘| |사|랑|하|는| |마|음|
|을| |간|직|하|라|.| |연|민|하|는| |마|
음	으	로	써		중	생	을		돌	아	보	고
자	비	로	운		생	각	으	로		눈	물	을
흘	리	라	.									

Get rid of anger and harmful intent, and always have loving-kindness in your heart. Regard all living beings with compassion and shed tears for them with a sympathetic heart.

오늘의 발원

년 월 일

증일아함경

털끝만큼도 미워하는 마음을

맨 마지막 남은 한 덩이 밥이라도
자기가 먹지 않고 남에게 베풀되,
털끝만큼도 미워하는 마음을 일으키지 마라.

	맨		마	지	막		남	은		한		덩
이		밥	이	라	도		자	기	가		먹	지
않	고		남	에	게		베	풀	되	,	털	끝
만	큼	도		미	워	하	는		마	음	을	
일	으	키	지		마	라	.					

Give the last bowl of rice to others, not to yourself, and never arouse even the slightest hate toward them.

부처님말씀 따라쓰기 2

오늘의 발원   년   월   일

잡아함경

036 탐욕, 성냄, 어리석음은

탐욕, 성냄, 어리석음은 사람의 마음을 얽어매나니
그것은 자기 마음속에서 생겨 스스로를 해치는 것이
마치 갈대가 열매를 맺으면 제 몸을 죽이는 것과 같느니라.

탐	욕	,	성	냄	,	어	리	석	음	은
사	람	의		마	음	을		얽	어	매	나	니
그	것	은		자	기		마	음	속	에	서
생	겨		스	스	로	를		해	치	는		것
이		마	치		갈	대	가		열	매	를
맺	으	면		제		몸	을		죽	이	는
것	과		같	느	니	라	.				

Greed, anger and ignorance bind up one's mind. The way they arise from one's mind and cause harm to oneself may be likened to the reed that dies when it bears fruit.

오늘의 발원   년   월   일

법구경

저 질주하는 마차를 정지시키듯

저 질주하는 마차를 정지시키듯
솟구친 분노를 제어하는 사람이야말로 진정한 마부이다.
그저 말고삐를 쥐고 있을 뿐 성난 말들을 제어하지 못하는 사람은
진정한 마부라 할 수 없다.

저	질	주	하	는		마	차	를		정
지	시	키	듯		솟	구	친		분	노	를
제	어	하	는		사	람	이	야	말	로		진
정	한		마	부	이	다	.		그	저		말	고
삐	를		쥐	고		있	을		뿐		성	난
말	들	을		제	어	하	지		못	하	는
사	람	은		진	정	한		마	부	라		할
수		없	다	.

He, who controls rising anger, just as a charioteer stops a speeding chariot, is a true charioteer. Those, who only hold the reins and have no control of a raging horse, cannot be called true charioteers.

089
부처님말씀 따라쓰기 2

오늘의 발원   년   월   일

법집요송경

038 남을 때리는 일은

남을 때리는 일은 자신을 때리는 일이다.
원수와 원수는 서로 만나니 남을 비방하는 일은
바로 스스로를 비방하는 일이요,
남에게 성내는 일은 자신에게 성내는 일이다.

남	을		때	리	는		일	은		자	신
을		때	리	는		일	이	다	.	원	수	와
원	수	는		서	로		만	나	니		남	을
비	방	하	는		일	은		바	로		스	스
로	를		비	방	하	는		일	이	오	,	남
에	게		성	내	는		일	은		자	신	에
게		성	내	는		일	이	다	.			

Hitting others is hitting self. All enemies encounter each other sooner or later. Thus, slandering others is slandering self, and being angry with others is being angry with self.

부처님말씀 따라쓰기 2

오늘의 발원　　　　　　　　　　　　　　년　월　일

아난분별경

039 남의 좋은 점을

항상 남의 좋은 점을 사랑하라.

|항|상| |남|의| |좋|은| |점|을|
|사|랑|하|라|.| | | | | | |

Always love and delight in the good qualities of others.

부처님말씀 따라쓰기 2

오늘의 발원   년 월 일

사십이장경

마음의 때를 씻어 버리면

쇠붙이를 단련하여 찌꺼기를 버리고 기구를 만들면
그 그릇이 곧 정교하고 아름다운 것과 같이,
도를 닦는 사람이 마음의 때를 씻어 버리면
그 수행이 청정하게 된다.

If a man smelts iron until all impurities are eliminated, and makes implements with it, the implements will be of fine quality. Likewise, if a practitioner of the Way purges his heart of all impurities, his actions will become pure.

부처님말씀 따라쓰기 2

오늘의 발원

년 월 일

잡아함경

041 만일 사람이 죄와 복을 지으면

만일 사람이 죄와 복을 지으면
그것은 지은 자의 것이니
그림자가 형체를 따르듯
언제나 지은 대로 지고 다녀야 한다.

If one commits a sin or accrues merit, they belong to him.
Like a shadow follows an object, these sins and merits
will constantly follow him.

부처님말씀 따라쓰기 2

오늘의 발원

년   월   일

법구경

남의 허물을 들추어

남의 허물을 들추어 항상 불평을 품는 사람은
번뇌의 때가 점점 자라나
마침내는 번뇌에서 벗어날 길이 없어진다.

남	의		허	물	을		들	추	어		항
상		불	평	을		품	는		사	람	은
번	뇌	의		때	가		점	점		자	라	나
마	침	내	는		번	뇌	에	서		벗	어	날
길	이		없	어	진	다	.				

If you continuously find fault with others and harbor grievances, the residue of your afflictions will keep growing to the point where you cannot free yourself from their shackles.

부처님말씀 따라쓰기 2

오늘의 발원 년 월 일

법구경

마음에 악이 생겨

마음에 악이 생겨 도리어 제 모양을 부수는 것은
마치 저 쇠에서 녹이 생겨나
도리어 그 몸을 파먹는 일과도 같네.

마	음	에		악	이		생	겨		도	리
어		제		모	양	을		부	수	는		것
은		마	치		저		쇠	에	서		녹	이
생	겨	나		도	리	어		그		몸	을
파	먹	는		일	과	도		같	네	.

If you harbor an evil thought, it will eventually destroy you; like a piece of iron that grows rusty, the rust will eventually eat into the iron.

오늘의 발원

년 월 일

잡보장경

작은 그늘에서 쉬었다면

나무 밑 작은 그늘에서 쉬었다면 고마운 줄 알아서
그 가지와 잎사귀, 꽃과 열매를 꺾지 마라.

If you rest under the shade of a tree, be grateful and do not take its leaves, branches or flowers.

오늘의 발원

년 월 일

잠아함경

남의 죄를 들추고자 하면

남의 죄를 들추고자 하면 그것이 사실이어야 하고 적절한 때에 상대에게 보탬이 되고자 하는 의도로써 부드러운 말과 사랑하는 마음으로 해야 한다.

	남	의		죄	를		들	추	고	자		하
면		그	것	이		사	실	이	어	야		하
고		적	절	한		때	에		상	대	에	게
보	탬	이		되	고	자		하	는		의	도
로	써		부	드	러	운		말	과		사	랑
하	는		마	음	으	로		해	야		한	다.

If you want to expose another's wrongdoing, it must be a fact first of all, and then you should speak of it at an appropriate time with gentle words, a loving mind and with the intention of helping him or her.

오늘의 발원

년 월 일

입보리행론

중생은 고통에서 벗어나기를

중생은 고통에서 벗어나기를 바라면서도
오히려 고통의 원인들을 향해 달려가고,
행복을 바라면서도 무지하기 때문에
행복의 원인들을 원수처럼 물리치나이다.

중	생	은		고	통	에	서		벗	어	나
기	를		바	라	면	서	도		오	히	려
고	통	의		원	인	들	을		향	해		달
려	가	고	,	행	복	을		바	라	면	서	도
무	지	하	기		때	문	에		행	복	의
원	인	들	을		원	수	처	럼		물	리	치
나	이	다	.

In ignorance, wishing to escape suffering, one runs toward the source of suffering. Wishing to attain happiness, one repels the source of happiness, as if they are bitter enemies.

부처님말씀 따라쓰기 2

오늘의 발원 년 월 일

본생경

연잎에 물방울이 떨어지면

연잎에 물방울이 떨어지면 즉시 굴러 떨어뜨리듯이
욕망이 일어나면 잠시라도
마음에 자리를 잡지 못하도록 쫓아버려야 한다.
그러자면 언제나 사색과 명상에 힘써야만 할 것이다.

Just as a drop of rain instantly rolls off a lotus leaf, so one must let go of desires the moment they arise to prevent them from dwelling in the mind. That means one must persevere in contemplation and meditation.

오늘의 발원

년 월 일

정법경

썩은 진흙 물에서 연꽃이

썩은 진흙 물에서 연꽃이 피어날 수 있듯이
삿된 업을 지은 중생도 불법의 씨앗을 틔울 수 있다.

Just as a lotus can bloom in muddy water, so can beings who have accrued unwholesome karma sprout the seeds of the Buddha-dharma.

오늘의 발원

법구경

단단한 바위가 바람에

단단한 바위가 바람에 흔들리지 않는 것처럼
지혜로운 사람은 칭찬과 비방에 흔들리지 않는다.

단	단	한		바	위	가		바	람	에
흔	들	리	지		않	는		것	처	럼	지
혜	로	운		사	람	은		칭	찬	과	비
방	에		흔	들	리	지		않	는	다	.

Just as a solid rock is not swayed by wind, the wise are not swayed by praise or blame.

부처님말씀 따라쓰기 2

오늘의 발원

년 월 일

숫타니파타

묶여 있지 않은 사슴이

묶여 있지 않은 사슴이 숲 속에서 먹이를 찾아
여기저기 다니듯이
지혜로운 이는 독립과 자유를 찾아
무소의 뿔처럼 혼자서 가라.

묶	여		있	지		않	은		사	슴	이
숲		속	에	서		먹	이	를		찾	아
여	기	저	기		다	니	듯	이		지	혜	로
운		이	는		독	립	과		자	유	를
찾	아		무	소	의		뿔	처	럼		혼	자
서		가	라	.					

Just as an unbound deer in the wild forages wherever it wants, the wise person wanders alone like a rhinoceros horn pursuing independence and freedom.

부처님말씀 따라쓰기 2

오늘의 발원　　　　　　　　　　　년　월　일

본생경

투명하여 맑은 물에서는

투명하여 맑은 물에서는
진주며 모래, 물고기 등이 환히 보이는 것처럼
맑은 마음에는 자타의 공덕이 환히 보인다.

투	명	하	여		맑	은		물	에	서	는
진	주	며		모	래	,	물	고	기		등	이
환	히		보	이	는		것	처	럼		맑	은
마	음	에	는		자	타	의		공	덕	이
환	히		보	인	다	.					

Just as clear, pure water allows a fine view of the pearls, sands and fish in it, a clear mind allows a clear view of the merits of self and others.

부처님말씀 따라쓰기 2

오늘의 발원   년   월   일

불반니원경

052 옷에 때가 묻으면 잿물로

옷에 때가 묻으면 잿물로 몇 번이고 빨아
더러운 옷을 깨끗이 하는 것처럼
마음에 번뇌 망상의 때가 낄 때에는
나의 가르침으로 마음의 때를 씻어야 할 것이다.

	옷	에		때	가		묻	으	면	잿	물
로		몇		번	이	고		빨	아		더	러
운		옷	을		깨	끗	이		하	는		것
처	럼		마	음	에		번	뇌		망	상	의
	때	가		낄		때	에	는		나	의		가
르	침	으	로		마	음	의		때	를		씻
어	야		할		것	이	다	.				

Just as you wash your soiled clothes with detergent again and again until they are clean, so must you cleanse your mind with my teachings when it becomes soiled from afflictions and defilements.

오늘의 발원

년 월 일

053 향수를 만드는 사람의 몸에

수능엄경

향수를 만드는 사람의 몸에 향이 저절로 배는 것처럼
항상 염불하는 사람에게 부처님이 함께하나니
금생에 염불하는 공덕으로 극락에 왕생하리라.

향	수	를		만	드	는		사	람	의
몸	에		향	이		저	절	로		배	는
것	처	럼		항	상		염	불	하	는		사
람	에	게		부	처	님	이		함	께	하	나
니		금	생	에		염	불	하	는		공	덕
으	로		극	락	에		왕	생	하	리	라	.

Just like perfume seeps into the body of the one who makes it, the Buddha is always with those who recite his name. They will be reborn in the Pure Land based on the merits of reciting the Buddha's name.

부처님말씀 따라쓰기 2

오늘의 발원

년 월 일

법구비유경

054 과거를 지워 버려라

과거를 지워 버려라.
미래에 끌려가지 마라.
지금 현재에도 집착하지 않는다면
그대는 진정한 평온에 이르리라.

과	거	를		지	워		버	려	라	.	미
래	에		끌	려	가	지		마	라	.	지	금
현	재	에	도		집	착	하	지		않	는	다
면		그	대	는		진	정	한		평	온	에
이	르	리	라	.								

Let go of the past. Let the future not determine your actions. Let go of any attachment to the present. Then you can attain genuine peace and serenity.

부처님말씀 따라쓰기 2

오늘의 발원 　　　　　　　년　월　일

법집요송경

처음에는 달다가

처음에는 달다가 나중에는 쓴 과일처럼
애욕 또한 그와 같아,
나중에 지옥의 고통을 받으며
무수한 겁에 걸쳐 불에 타리라.

처	음	에	는		달	다	가		나	중	에
는		쓴		과	일	처	럼		애	욕		또
한		그	와		같	아	,		나	중	에		지
옥	의		고	통	을		받	으	며		무	수
한		겁	에		걸	쳐		불	에		타	리
라	.

Like a fruit that tastes sweet at first but bitter later, so does craving. In the end, craving will lead one to hellish suffering, and one will burn in fire for countless eons.

부처님말씀 따라쓰기 2

오늘의 발원

년 월 일

법구비유경

피할 수 없는 일곱 가지

모든 중생에게는 피할 수 없는 일곱 가지가 있다.
태어남, 늙음, 병듦, 죽음, 죄, 복, 인연이 그것이다.
이 일곱 가지 일은 아무리 피하려 해도 마음대로 되지 않는다.

모	든		중	생	에	게	는		피	할
수		없	는		일	곱		가	지	가		있
다	.	태	어	남	,		늙	음	,		병	듦	,	죽
음	,		죄	,		복	,		인	연	이		그	것	이
다	.		이		일	곱		가	지		일	은
아	무	리		피	하	려		해	도		마	음
대	로		되	지		않	는	다	.

Living beings cannot escape from seven things; birth, ageing, sickness, death, unwholesome acts, wholesome acts and karmic associations. These seven things are beyond one's control no matter how much one wants to escape from them.

오늘의 발원

년 월 일

화엄경

057 마음은 파도치는 물결

마음은 마치 파도치는 물결과 같아서
물결이 출렁일 때는 일렁이고 왜곡되어 제대로 보이지 않는다.
그러나 바람 한 점 없이 고요하고 맑으면
모든 것은 제 모습을 나타낸다.

마	음	은		마	치		파	도	치	는
물	결	과		같	아	서		물	결	이		출
렁	일		때	는		일	렁	이	고		왜	곡
되	어		제	대	로		보	이	지		않	는
다	.		그	러	나		바	람		한		점
없	이		고	요	하	고		맑	으	면		모
든		것	은		제		모	습	을		나	타
낸	다	.

Mind is like the surface of the ocean. When waves arise, things are not reflected properly as they are warped and distorted. However, when it is calm and still, without a breath of wind, things are reflected as they are.

부처님말씀 따라쓰기 2

오늘의 발원

년 월 일

증일아함경

아무리 지식이 많아도

몸소 체험해 보지 않았다면 아무리 지식이 많아도,
좋은 글귀를 잘 외워도 이익될 것 없고 훌륭할 것이 없다.

몸소 체험해 보지 않았
다면 아무리 지식이 많아
도, 좋은 글귀를 잘 외워
도 이익될 것 없고 훌륭
할 것이 없다.

No matter how great a knowledge one has, no matter how many wonderful passages one memorizes, if one does not experience those personally, they neither benefit him nor make him great.

부처님말씀 따라쓰기 2

오늘의 발원

년 월 일

비록 많이 들었다 해도

능엄경

비록 많이 들었다 해도 만약 수행하지 않으면
듣지 않은 것과 같다.
마치 사람이 음식을 이야기를 하더라도
배가 부르지 않은 것과 같다.

No matter how much one listens to Dharma talks, one may as well not listen at all if one doesn't put them into practice. It is like never feeling full no matter how much one talks about food.

부처님말씀 따라쓰기 2

오늘의 발원　　　　　　　　　　　　　　　년　월　일

법구경

부드럽고 진실한 말로

부드럽고 진실한 말로 남을 대하고
늘 베푸는 마음으로 살아라.

	부	드	럽	고		진	실	한		말	로
남	을		대	하	고		늘		베	푸	는
마	음	으	로		살	아	라	.			

Offer others gentle and truthful words and always live in the spirit of generous giving.

오늘의 발원

년 월 일

법구경

몸을 절제하고 말을 삼가고

몸을 절제하고 말을 삼가고
그 마음을 거두고 성냄을 버려라.
도의 길을 가는 데에는 인욕忍辱이 가장 으뜸이니라.

몸	을		절	제	하	고	말	을	삼
가	고		그		마	음	을	거	두	고
성	냄	을		버	려	라	.	도	의	길	을
가	는		데	에	는		인	욕	이	가	장
으	뜸	이	니	라	.						

One should constantly guard oneself against irritability in thought, word and deed. Patience is foremost for those who walk the spiritual path.

오늘의 발원

년   월   일

불소행찬

진실한 말을 겸허한 마음으로

진실한 말을 겸허한 마음으로 받아들이면,
모든 허물과 걱정을 길이 여의리라.

One who accepts sincere words with humility will be free from all faults and worries for a long time.

오늘의 발원   년 월 일

불설선생자경

달이 보름달을 향하는 것처럼

탐욕과 성냄과 두려움과 어리석음 등의
악행을 짓지 않는 사람은 그 명예가 날로 더해 간다.
마치 달이 보름달을 향하는 것처럼.

탐	욕	과		성	냄	과		두	려	움	과
어	리	석	음		등	의		악	행	을		짓
지		않	는		사	람	은		그		명	예
가		날	로		더	해		간	다	.		마	치
달	이		보	름	달	을		향	하	는		것
처	럼	.							

One who does not commit bad deeds out of greed, anger and ignorance will surely see his honor grow day by day, like a new moon grows toward the full moon.

부처님말씀 따라쓰기 2

오늘의 발원

년 월 일

법구경

장님이 촛불을 잡은 것 같아

만일 조금 들어 아는 것 있다 하여
스스로 대단한 체하며 남에게 교만하게 굴면
마치 장님이 촛불을 잡은 것 같아
남은 비추어 주면서 자신은 밝히지 못한다.

만	일		조	금		들	어		아	는
것		있	다		하	여		스	스	로		대
단	한		체	하	며		남	에	게		교	만
하	게		굴	면		마	치		장	님	이
촛	불	을		잡	은		것		같	아		남
은		비	추	어		주	면	서		자	신	은
밝	히	지		못	한	다	.

One who feigns importance based on a little knowledge and acts arrogantly toward others is like a blind man holding a candle. They can illuminate others but cannot illuminate themselves.

부처님말씀 따라쓰기 2

오늘의 발원   년   월   일

불유교경

065 부끄러워하는 마음을 버리면

부끄러워하는 마음을 버리면
모든 공덕을 잃어버린다.
부끄러움이 있는 사람은 선한 법이 있거니와
부끄러움이 없는 사람은 금수와 다를 바가 없다.

One who lacks any sense of shame will lose all accrued merits. One who maintains a sense of shame has good dharma, while one who doesn't is no better than an animal.

부처님말씀 따라쓰기 2

오늘의 발원   년   월   일

유교경

욕심이 적은 사람은

욕심이 적은 사람은 남의 비위를 맞추고자 아부할 일도 없고
갖가지 욕망에 끌려다닐 일도 없다.
욕심이 적은 사람은 언제나 마음이 평탄하여
근심과 걱정과 두려움이 없다.

욕	심	이		적	은		사	람	은	남
의		비	위	를		맞	추	고	자		아	부
할		일	도		없	고		갖	가	지		욕
망	에		끌	려	다	닐		일	도		없	다.
욕	심	이		적	은		사	람	은		언	제
나		마	음	이		평	탄	하	여		근	심
과		걱	정	과		두	려	움	이		없	다.

One with less desire doesn't have to flatter others to curry favor nor does one have to be dominated by an array of cravings. One with less desire is always composed and devoid of cares and worries.

부처님말씀 따라쓰기 2

오늘의 발원

년 월 일

대장엄론경

067 오로지 말을 조심하라

오로지 말을 조심하라.
함부로 남을 모략하지 말며, 남의 잘못을 전하지 말며,
남에게 상처 입히지 말며, 듣지 않은 것을 들었다고 하지 말며,
보지 않은 것을 보았다고 하지 마라.

오	로	지		말	을		조	심	하	라	.
함	부	로		남	을		모	략	하	지	말
며	,		남	의		잘	못	을		전	하	지
말	며	,		남	에	게		상	처		입	히	지
말	며	,		듣	지		않	은		것	을		들
었	다	고		하	지		말	며	,		보	지
않	은		것	을		보	았	다	고		하	지
마	라	.

Only be prudent with your speech. Do not speak ill of others nor speak of the wrongs of others. Do not hurt others, nor say you have heard what you have not, nor say you have seen what you have not.

오늘의 발원

년 월 일

부사의광보살소설경

부모의 은혜를 갚을 수 있는 것

음식과 보물로 부모의 은혜를 갚을 수 있는 것이 아니라 올바른 법으로 인도해야 곧 부모를 잘 모시는 것이다.

음	식	과		보	물	로		부	모 의
은	혜	를		갚	을		수		있 는	것
이		아	니	라		올	바	른		법	으	로
인	도	해	야		곧		부	모	를		잘
모	시	는		것	이	다	.		

Parental love cannot be repaid by food and treasures. Only when we lead our parents to true Dharma, can we be said to have served them well.

오늘의 발원

년 월 일

반니원경

069 모든 삶의 무상함을 생각하라

언제나 모든 삶의 무상함을 생각하라.
그리하면 탐욕과 성냄과 어리석음에서
벗어나 모든 죄악에 물들지 않으리라.

	언	제	나		모	든		삶	의		무	상
함	을		생	각	하	라	.		그	리	하	면
탐	욕	과		성	냄	과		어	리	석	음	에
서		벗	어	나		모	든		죄	악	에	
물	들	지		않	으	리	라	.				

Reflect upon the transience of life constantly. Then, you can be free from greed, anger and ignorance, and avoid being contaminated by misconduct and evil.

부처님말씀 따라쓰기 2

오늘의 발원   년   월   일

잡아함경

사람을 믿으려 하지 말고

사람을 믿으려 하지 말고 법을 믿어라.
사람은 변함이 있지만 법은 변함이 없다.

|사|람|을| |믿|으|려| |하|지| |말|
|고| |법|을| |믿|어|라|.| |사|람|은|
|변|함|이| |있|지|만| |법|은| |변|함|
|이| |없|다|.| | | | | | | | |

Rely not on people but on the Dharma. People change but the Dharma does not.

부처님말씀 따라쓰기 2

오늘의 발원　　　　　　　　　년　월　일

우바새계경

남의 착한 일은 드러내 주고

남의 착한 일은 드러내 주고 허물은 숨겨 주라.
남의 부끄러운 점은 감추어 주고
중요한 이야기는 발설하지 마라.

Reveal the good others have done and hide their faults.
Hide the shame of others and do not leak important matters.

오늘의 발원

년 월 일

유마경

072 앉아 있다고 해서

앉아 있다고 해서 그것을 좌선이라 할 수는 없다.
현실 속에 살면서도 몸과 마음이 움직이지 않는 것을
좌선이라 한다.

앉아	있다고	해서		그것
을	좌선이라	할	수는	없
다.	현실	속에	살면서도	
몸과	마음이	움직이지		않
는	것을	좌선이라	한다.	

Sitting alone doesn't make it meditation. When your mind and body do not waver, even while living in the secular world, that is true meditation.

부처님말씀 따라쓰기 2

오늘의 발원

년 월 일

잡보장경

진실만을 말하라

자기가 아는 대로 진실만을 말하라.
주고받는 말마다 좋은 말을 하여
듣는 이에게 편안함과 기쁨을 주어라.

	자	기	가		아	는		대	로		진	실
만	을		말	하	라	.		주	고	받	는		말
마	다		좋	은		말	을		하	여		듣
는		이	에	게		편	안	함	과		기	쁨
을		주	어	라	.							

Speak only the truth to the best of your knowledge. Use only positive words in your dialogue so that you can give comfort and joy to others.

부처님말씀 따라쓰기 2

오늘의 발원   년 월 일

장아함경

074 인연 따라 생긴 것은

슬픔을 거두고 잘 들어라.
하늘에서나 땅에서나 죽지 않는 것은 없다.
인연 따라 생긴 것은 변하고, 바뀌지 않는 것은 없다.
죽지 않고 변하지 않게 할 수 없다.

Stop your grief and listen closely. There is nothing in heaven or on earth that doesn't die. All conditional things are impermanent and transient. Nothing can prevent them from dying or decaying.

오늘의 발원   년   월   일

사십이장경

075 만약 애욕을 버리면

인간은 애욕으로부터 괴로움이 생겨나고
근심으로부터 두려움이 일어나게 되나니,
만약 애욕을 버리면 무엇이 괴로울 것이며
무엇에 두려움이 있겠는가?

인	간	은		애	욕	으	로	부	터		괴
로	움	이		생	겨	나	고		근	심	으	로
부	터		두	려	움	이		일	어	나	게
되	나	니	,	만	약		애	욕	을		버	리
면		무	엇	이		괴	로	울		것	이	며
무	엇	에		두	려	움	이		있	겠	는	가
?

Suffering comes from lust and desire, and fear comes from worry. Thus, if one abandons lust and desire, what can inflict him with suffering and fear?

오늘의 발원

년 월 일

불유교경

음식을 먹을 때는

음식을 먹을 때는 마치 약을 먹듯 하고,
좋고 나쁨을 가리지 말고,
건강과 주리고 목마름을 달래는 데에 그 목적을 두어라.

음	식	을		먹	을		때	는		마	치
약	을		먹	듯		하	고	,		좋	고		나
쁨	을		가	리	지		말	고	,		건	강	과
주	리	고		목	마	름	을		달	래	는
데	에		그		목	적	을		두	어	라	.

Take food as if taking medicine. Do not distinguish between likes and dislikes in food, and eat only to relieve hunger and thirst.

부처님말씀 따라쓰기 2

오늘의 발원   년   월   일

법집요송경

진실로 이기려는 사람은

어리석은 사람은 지혜로운 사람을 이기고자
거친 말과 악담을 마구 퍼붓지만,
진실로 이기려는 사람은
많은 말보다 차라리 침묵을 지키느니라.

The foolish cast harsh words and abuse on the wise for the sake of winning. However, one who truly intends to win keeps silent instead of uttering many words.

오늘의 발원　　　　　　　　　년　월　일

법률삼매경

078 어리석은 사람은

어리석은 사람은 남의 악만 볼 뿐
자신의 악은 볼 줄 모르며
어리석은 사람은 자신의 선만 볼 뿐
남의 선을 볼 줄 모른다.

The foolish see evil in others but not in themselves. The foolish see the good in themselves but not in others.

부처님말씀 따라쓰기 2

오늘의 발원 년 월 일

법집요송경

덕의 향기는 바람을 거슬러

부용이나 전단향 같은 꽃향기는
바람을 거스르지 못하지만,
덕의 향기는 바람을 거슬러 풍기나니
덕이 있는 사람, 그 향기는 두루 퍼진다.

The fragrance of lotus or sandalwood doesn't travel upwind, but the fragrance of virtue spreads far and wide, even upwind. As a person of virtue your fragrance will spread far.

오늘의 발원

년 월 일

중아함경

하늘에서 보석비가 쏟아져도

하늘에서 보석비가 쏟아져도
욕심 많은 사람은 만족할 줄 모른다.
욕심은 괴로움만 줄 뿐, 즐거움을 모르나니
슬기로운 이는 먼저 욕심을 버리느니라.

The greedy never know satisfaction, even if jewels rain down upon them. As greed only increases suffering, they will never taste joy. Thus, the wise let go of greed first of all.

부처님말씀 따라쓰기 2

오늘의 발원

년 월 일

증일아함경

항상 마음을 안정시키고

마음은 쉬지 않고 나무 사이를 타고 다니는 원숭이와 같다. 그러므로 항상 마음을 안정시키고 항복받아야 한다.

마	음	은		쉬	지		않	고		나	무
사	이	를		타	고		다	니	는		원	숭
이	와		같	다	.		그	러	므	로		항	상
마	음	을		안	정	시	키	고		항	복	받
아	야		한	다	.

The human mind is like a monkey ceaselessly swinging through the trees. Therefore, we should always collect our thoughts and discipline them.

오늘의 발원

년 월 일

증일아함경

082 부모의 은혜는

부모의 은혜는 참으로 막중하다.
우리들을 안아 길러 주셨고
수시로 보살펴 시기를 놓치지 않았기 때문에
우리가 저 해와 달을 보게 된 것이다.

부	모	의		은	혜	는		참	으	로
막	중	하	다	.		우	리	들	을		안	아
길	러		주	셨	고		수	시	로		보	살
펴		시	기	를		놓	치	지		않	았	기
때	문	에		우	리	가		저		해	와
달	을		보	게		된		것	이	다	.

The kindness of parents is indeed great. They hold us in their arms and frequently check on us to meet our needs. Thanks to their care, we are able to see the sun and the moon now.

부처님말씀 따라쓰기 2

오늘의 발원   년 월 일

잡아함경

마음이 세상을 이끌고 간다

마음이 세상을 유지하고 마음이 세상을 이끌고 간다. 마음이 하나의 법이 되어 세상을 제어한다.

	마	음	이		세	상	을		유	지	하	고
마	음	이		세	상	을		이	끌	고		간
다	.	마	음	이		하	나	의		법	이	
되	어		세	상	을		제	어	한	다	.	

The mind sustains the world and leads the world. The mind becomes law and controls the world.

부처님말씀 따라쓰기 2

오늘의 발원   년   월   일

잡보장경

지혜로운 사람은

지혜로운 사람은 슬기의 눈으로써
나쁜 욕설과 큰 비방을 참나니,
마치 큰 돌에 비가 내릴 때
돌이 부서지거나 깨지지 않는 것과 같다.

The wise endure insult and slander with the eye of wisdom. They can be likened to a large rock that won't be broken or split even if a heavy storm strikes it.

부처님말씀 따라쓰기 2

오늘의 발원

년 월 일

법구경

085 마음을 잘 절제하고

마음을 잘 절제하고 게으름 없이 노력하며
주의 깊은 마음 관찰 수행을 통해
자기 자신을 의지처로 삼는 지혜로운 이는
홍수로도 휩쓸리지 않는 섬을 쌓은 것과 같다.

마	음	을		잘		절	제	하	고		게
으	름		없	이		노	력	하	며		주	의
깊	은		마	음		관	찰		수	행	을
통	해		자	기		자	신	을		의	지	처
로		삼	는		지	혜	로	운		이	는
홍	수	로	도		휩	쓸	리	지		않	는
섬	을		쌓	은		것	과		같	다	.

The wise, who discipline their minds, persevere without idleness, and take refuge in themselves, based on the practice of attentive mindfulness, create for themselves an island that no flood can sweep away.

오늘의 발원 　　　　년　월　일

법구비유경

세 가지가 그릇된 죽음

병이 있어도 치료하지 않는 것,
치료하되 조심하지 않는 것,
교만해서 이치에 어긋나는 일을 알지 못하는 것,
이 세 가지가 그릇된 죽음이다.

|병|이| |있|어|도| |치|료|하|지|
|앓|는| |것|,|치|료|하|되| |조|심|하|
|지| |않|는| |것|,|교|만|해|서| |이|
치	에		어	긋	나	는		일	을		알	지
못	하	는		것	,	이		세		가	지	가
그	릇	된		죽	음	이	다	.				

There are three reasons one meets a premature death: not getting treatment if one is ill; getting treatment but disregarding one's health; being too arrogant to discern what is not truth.

오늘의 발원

년 월 일

잡아함경

마음이 탐욕으로 물든 사람은

마음이 탐욕으로 물든 사람은
즐거움을 얻을 수가 없고,
어리석음으로 마음이 가려진 사람은
아는 것이 순수하지 못하다.

Under the influence of greed one is devoid of joy, and under the veil of ignorance one is devoid of pure knowing.

오늘의 발원

역사이산경

사물이 생겨나면

사물이 생겨나면 다할 때가 있고
흥하면 쇠하게 마련이다.
만물이 모두 이와 같이 무상하다.

Things that arise must eventually disappear, and things that flourish must eventually decline. In this way, all things are impermanent.

부처님말씀 따라쓰기 2

오늘의 발원 년 월 일

법구경

숟가락이 국맛을 모르듯이

어리석은 자는 한평생을 두고
어진 이를 가까이 섬길지라도 진리를 깨닫지 못한다.
마치 숟가락이 국맛을 모르듯이.

어	리	석	은		자	는		한	평	생	을
두	고		어	진		이	를		가	까	이	
섬	길	지	라	도		진	리	를		깨	닫	지
못	한	다	.		마	치		숟	가	락	이		국
맛	을		모	르	듯	이	.					

Though a fool may associate with a wise man all his life, he doesn't comprehend the truth just as a spoon cannot taste the soup.

부처님말씀 따라쓰기 2

오늘의 발원

년 월 일

선림보훈

맷돌이나 숫돌은

맷돌이나 숫돌은 깎이는 것이 보이지 않지만
어느 땐가 다 닳아 없어지고,
나무는 심으면 자라는 것이 보이지 않지만
어느새 크게 자란다.

맷	돌	이	나		숫	돌	은		깎	이	는
것	이		보	이	지		않	지	만		어	느
땐	가		다		닳	아		없	어	지	고	,
나	무	는		심	으	면		자	라	는		것
이		보	이	지		않	지	만		어	느	새
크	게		자	란	다	.						

Though the abrasion of a millstone or whetstone is invisible, the stone wears out in time. Likewise, the growth of a seedling is invisible, but it grows big in due time.

오늘의 발원

년 월 일

091 숫타니파타
겸허하게 지내고

겸허하게 지내고 스스로를 낮추며
만족을 알고 은혜를 생각하며 때때로 법을 듣는 것,
이것이 최상의 좋은 일이다.

겸	허	하	게		지	내	고		스	스	로
를		낮	추	며		만	족	을		알	고
은	혜	를		생	각	하	며		때	때	로
법	을		듣	는		것	,	이	것	이	최
상	의		좋	은		일	이	다	.		

To live in humility, to humble oneself, to know satisfaction and to listen to Dharma from time to time: This is the supreme good.

오늘의 발원

법집요송경

제일가는 즐거움

병 없는 것이 제일가는 이익이요,
만족할 줄 아는 것이 제일가는 부자이며,
고요함에 머무는 것이 제일가는 즐거움이다.

|병| |없는| |것이| |제일|가|는|
이	익	이	오	,	만	족	할		줄		아	는
것	이		제	일	가	는		부	자	이	며	,
고	요	함	에		머	무	는		것	이		제
일	가	는		즐	거	움	이	다	.

To live without sickness is the greatest gain, to know fulfillment is the greatest wealth, and to abide in stillness is the greatest joy.

199
부처님말씀 따라쓰기 2

 오늘의 발원　　　　　　　　년　월　일

숫타니파타

진실은 참된 불멸의 말이며

진실은 참된 불멸의 말이며 영원한 법칙이니,
착한 사람은 늘 진실의 이치에 머물러 평안을 얻는다.

진실은	참된	불멸의	말
이며	영원한	법칙이니,	착
한	사람은	늘	진실의	이
치에	머물러	평안을	얻는
다.			

Truth, indeed, is deathless speech and an eternal principle. The good-hearted dwell in the principle of truth and are firmly rooted in truth.

부처님말씀 따라쓰기 2

오늘의 발원

년 월 일

법화경

전생 일을 알고자 하느냐?

전생 일을 알고자 하느냐?
금생에 받는 것이 그것이다.
내생 일을 알고자 하느냐?
금생에 짓는 것이 그것이다.

Do you want to know your previous lives? See what you have received in this life. Do you want to know your future lives? See what you have done in this life.

오늘의 발원

년   월   일

현우경

영원하다는 것

영원하다는 것은 모두 헛되고
높은 것은 반드시 무너지고 만다네.
만나면 반드시 헤어지고
태어난 자는 모두 죽음으로 가노라.

영	원	하	다	는		것	은		모	두
헛	되	고		높	은		것	은	반	드	시
무	너	지	고		만	다	네	.	만	나	면
반	드	시		헤	어	지	고		태	어	난
자	는		모	두		죽	음	으	로		가	노
라	.										

What is said to be eternal is vain, and what ascends high will eventually fall. Those who meet will eventually part, and those who are born will eventually die.

오늘의 발원

년 월 일

잡아함경

구름 걷혀 나타나는 달과 같이

어떤 사람이 게으르다가도
스스로 마음을 거두어 잡으면
구름 걷혀 나타나는 달과 같이
세간을 밝게 비추리라.

When one composes one's mind, regretting his laziness, he can illuminate the world brightly, just as the moon casts a bright light when it is not veiled by clouds.

오늘의 발원   년   월   일

법구비유경

공손한 말과 부드러운 말씨로

공손한 말과 부드러운 말씨로 남을 높이고 공경하며
맺힘을 풀고 욕됨을 참으면
미움과 원한은 저절로 사라지리.

공	손	한		말	과		부	드	러	운	
말	씨	로		남	을		높	이	고		공	경
하	며		맺	힘	을		풀	고		욕	됨	을
참	으	면		미	움	과		원	한	은		저
절	로		사	라	지	리	.					

When you honor and respect others, speak politely and gently, calm riled emotions and forebear insults, hatred and resentment will naturally disappear.

부처님말씀 따라쓰기 2

오늘의 발원   년 월 일

법화경

따뜻한 눈으로 중생을 보면

따뜻한 눈으로 중생을 보면
모여드는 복이
바다처럼 헤아릴 길이 없다.

따	뜻	한		눈	으	로		중	생	을
보	면		모	여	드	는		복	이		바	다
처	럼		헤	아	릴		길	이		없	다	.

When you look at other living beings with kind eyes,
great fortune, as vast as the oceans, will come to you.

부처님말씀 따라쓰기 2

오늘의 발원

년 월 일

보리행경

마음이 산란하여

마음이 산란하여 안정되지 않으면
듣고 사유하고 관찰하라.
그릇에서 물이 새면 물은 채워지지 않는다.

When your mind is not readily calmed after a distraction, do listen, reflect and observe. A leaking pot will never be filled.

부처님말씀 따라쓰기 2

 오늘의 발원 　　　년　월　일

금강경

오직 지금 여기를 충실히

이미 지나가 버린 과거에 집착하지 아니하며,
공연히 망상에 젖지 말며,
오직 지금 여기를 충실히 살지어다.

	이	미		지	나	가		버	린		과	거
에		집	착	하	지		아	니	하	며	,	공
연	히		망	상	에		젖	지		말	며	,
오	직		지	금		여	기	를		충	실	히
살	지	어	다	.								

Without dwelling in the bygone past, or in vain delusion, one should live fully here and now.

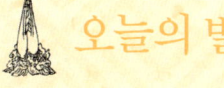 오늘의 발원   년   월   일

보왕삼매론

세상살이에 곤란이 없으면

세상살이에 곤란이 없으면 업신여기는 마음과
사치한 마음이 생기나니
그래서 성인이 말씀하시되
'근심과 곤란으로써 세상을 살아가라' 하셨느니라.

세상살이에 곤란이 없으면 업신여기는 마음과 사치한 마음이 생기나니 그래서 성인이 말씀하시되 '근심과 곤란으로써 세상을 살아가라' 하셨느니라.

Without difficulties, you may readily develop a condescending attitude and seek after an extravagant life. Thus, the ancient sages said, "Live your life amid cares and difficulties."

부처님말씀 따라쓰기 2

 오늘의 발원   년   월   일

별역잡아함경

마땅히 친한 벗에 대해서는

마땅히 친한 벗에 대해서는
그의 허물을 보지 않아야 하고
친한 벗과는 마음과 염원이 같고
서로 생각하면서 늘 잊지 않아야 한다.

마땅히	친한	벗에	대해
서는	그의	허물을	보지
않아야	하고	친한	벗과는
마음과	염원이	같고	서로
생각하면서	늘	잊지	않아
야 한다.			

You must not find fault with a close friend. Rather, you must be of one mind and of one aspiration with him. The two of you will always think of each other.

오늘의 발원

년 월 일

계초심학인문

죄와 업장이 산과 바다처럼

자신의 죄와 업장이 산과 바다처럼 많다는 것을
반드시 알아야만 하고
이 죄와 업장을 몸과 마음을 다해 참회하여 없애야 할 것임을
잘 알아야 하느니라.

자신의 죄와 업장이 산과 바다처럼 많다는 것을 반드시 알아야만 하고 이 죄와 업장을 몸과 마음을 다해 참회하여 없애야 할 것임을 잘 알아야 하느니라.

You must understand that your unwholesome deeds and karmic hindrances are piled mountain-high and fill the vast ocean. Be sure to expunge all of them by performing repentance with your whole being.

오늘의 발원   년 월 일

대장엄론경

병이 들면 복덕을 닦으려 해도

건강할 때 빨리 복덕을 지어야 하니
병이 들면 복덕을 닦으려 해도
몸과 힘이 허락하지 않네.

You should accrue meritorious virtues in good health.
Once you become ill, your fragile body and strength won't allow you to cultivate meritorious virtues.

오늘의 발원   년 월 일

관무량수불경

연꽃 같은 존재

부처님을 생각하는 사람은
사람들 가운데 연꽃 같은 존재임을 알라.

You should know that those who contemplate the Buddha are like the lotus flower.

부처님말씀 따라쓰기 2

오늘의 발원   년   월   일

법구경

행위에 의해 되는 것

날 때부터 천한 사람이 되는 것은 아니오,
태어나면서부터 바라문이 되는 것도 아니다.
행위에 의해서 천한 사람도 되고 바라문도 되는 것이다.

날	때	부	터		천	한		사	람	이
되	는		것	은		아	니	오	,	태	어	나
면	서	부	터		바	라	문	이		되	는
것	도		아	니	다	.	행	위	에		의	해
서		천	한		사	람	도		되	고		바
라	문	도		되	는		것	이	다	.

Birth doesn't make one low class or a Brahmin. It is one's actions that make one low class or a Brahmin.

부처님말씀 따라쓰기 2

오늘의 발원   년   월   일

중아함경

은혜로 베풀라

은혜로 베풀라.
부드럽게 말을 건네라.
이롭게 행동하라. 행동을 함께하라.
그러면 대중들은 그대의 편이 되리라.

Be kind in your act of giving and be gentle in speech. Act for the benefit of others and act with them. Then people will be on your side.

부처님말씀 따라쓰기 2

오늘의 발원

년 월 일

법구경

끊임없이 계속하면

쉬지 않고 끊임없이 계속하면
무슨 일이든 마침내는 이루어진다.
저 시냇물이 흘러 흘러 마침내 바다에 이르듯이.

쉬	지		않	고		끊	임	없	이		계
속	하	면		무	슨		일	이	든		마	침
내	는		이	루	어	진	다	.		저		시	냇
물	이		흘	러		흘	러		마	침	내
바	다	에		이	르	듯	이	.

One can accomplish anything if one keeps at it steadily without ceasing, like a stream that flows ceaselessly and eventually reaches the sea.

부처님말씀 따라쓰기 2

오늘의 발원

년 월 일

따라쓰기 ❷

2017년 12월 4일 제1판 제1쇄 발행

지은이 불교방송 **펴낸이** 강봉구
펴낸곳 비단길 **등록번호** 제406-2013-0000801호

주소 10880 경기도 파주시 신촌로 21-30(신촌동) **전화** 070-4067-8560
팩스 0505-499-8560 **홈페이지** http://cafe.daum.net/littlef2010
페이스북 http://www.facebook.com/littlef2010 **이메일** littlef2010@daum.net
구입 문의전화 1833-9634

ⓒ불교방송
ISBN 979-11-6035-034-0   13220
ISBN 979-11-6035-035-2   14220(세트 2권)
값은 뒤표지에 있습니다.

※이 책은 저작권법에 따라 보호받는 저작물이므로 무단 전재와 무단 복제를 금합니다.
※이 책의 전부 또는 일부를 이용하려면 반드시 저작권자와 '비단길'의 동의를 받아야 합니다.